# RÉPUBLIQUE FRANÇAISE

LIBERTÉ — ÉGALITÉ — FRATERNITÉ

# DISCOURS

PRONONCÉ

## Par M. Maurice d'INGREMARD

GOUVERNEUR P. I. DES ÉTABLISSEMENTS FRANÇAIS

DE L'OCÉANIE

A L'OUVERTURE DE LA SESSION EXTRAORDINAIRE

## DU CONSEIL GÉNÉRAL

12 Décembre 1889

PAPEETE

IMPRIMERIE DU GOUVERNEMENT

1889

RÉPUBLIQUE FRANÇAISE

LIBERTÉ — ÉGALITÉ — FRATERNITÉ


# DISCOURS

PRONONCÉ

## Par M. Maurice d'INGREMARD,

Gouverneur p. i. des Établissements français de l'Océanie

A L'OUVERTURE DE LA SESSION EXTRAORDINAIRE

## DU CONSEIL GÉNÉRAL.

12 décembre 1889.

---

« Messieurs les Conseillers généraux,

« Depuis plusieurs années, la durée légale de la session ordinaire du mois d'août, entièrement consacrée aux discussions budgétaires, ne permet plus de donner à certaines questions fort importantes et d'intérêt colonial au premier chef, la part qui leur revient dans les débats périodiques de la représentation locale, et l'on a pris coutume de suppléer à cette insuffisance par des convocations répétées du corps électif : — respectueux d'une tradition qui, tout en consacrant le complément indispensable de votre action administrative et financière, me procure en même temps l'agrément d'une entrevue nouvelle avec les élus du pays, je me fais un devoir de venir présider à l'ouverture de vos travaux et m'entretenir un instant avec vous des différents projets sur lesquels doivent porter les délibérations de cette session.

« Votre réunion extraordinaire débute, Messieurs les Conseillers généraux, et se continuera, tout porte à le croire, dans de très bonnes conditions d'accalmie et d'entente entre le Conseil général et l'autorité locale. Félicitons-nous mutuellement d'une telle situation, qui doit exercer sur la colonie la plus heureuse influence, et appliquons tous nos efforts à la maintenir intacte, à l'affermir plus solidement encore que par le passé : c'est le vœu que formait en termes émus le Chef respecté des Établissements français de l'Océanie, aux dernières heures de son séjour parmi nous, et la déférence qui s'attache à ses conseils, la profonde affection dont il est entouré dans ce pays, nous font un devoir étroit de continuer la ligne de condui… qu'il nous a tracée : je suis certain de rencontrer dans cette ence…te, parmi vous, Messieurs, parmi les fonctionnaires et la population qui m'entourent, une approbation générale, si je saisis cette occasion pour adresser publiquement ici à Monsieur le Gouverneur Lacascade l'expression respectueuse de notre dévouement unanime.

*(Marques d'assentiment.)*

* * *

« L'administration qui se présente aujourd'hui devant vous, Messieurs, est une administration d'intérimaires, de fonctionnaires modestes, prêts à rentrer dans le rang à l'expiration de leur mission temporaire et préoccupés avant tout d'assurer, pour les transmettre en bon état, l'ordre et la régularité des différents services publics. Aussi est-ce plutôt une courte allocution d'affaires qu'un discours proprement dit *d'ouverture* qu'elle vous adresse par ma voix. Je laisserai donc à dessein de côté les questions d'ordre politique ou d'économie générale dont la solution si impatiemment attendue va se poursuivre activement auprès de la métropole, et je me bornerai avec la conviction de rester plus exactement dans mon rôle, à l'exposé rapide et à grands traits de votre ordre du jour. Le Plan de campagne des travaux publics pour l'année 1890 et le compte de développement du service local pour l'exercice qui s'est clos le 30 juin dernier, en constituent, comme vous le savez, Messieurs, les deux points les plus saillants. Je ne m'arrêterai pas à la dernière de ces opérations, me contentant de constater que, dans l'application des dépenses et dans la distribution des crédits, l'administration de l'Intérieur de l'époque s'est efforcée de rester d'accord aussi exactement que possible avec les intentions de l'assemblée locale et avec l'esprit de ses décisions. Quant au Plan de campagne, dont là contexture détaillée, résultat des sérieuses études de notre nouveau chef titulaire du service des ponts-et-chaussées, présente d'une manière plus complète qu'auparavant tous les éléments voulus d'appréciation, je lui dois, Messieurs, quelques développements nécessaires.

* *

« La dotation inscrite au budget en faveur des travaux publics atteint cette année le chiffre de 179,175 fr. 33. Elle est donc supérieure de plus de 40,000 francs aux prévisions inscrites pour l'année courante, qu'une économie sévère a seule permis de ne pas dépasser ; mon administration, Messieurs, a cru entrer dans les vues du Conseil général, en affectant une notable partie de cet excédent—la moitié environ—à la réparation et à l'entretien de nos routes coloniales, dont les désastres des premiers mois de l'année ont si malheureusement retardé l'amélioration. — 62,300 francs sont attribués à la grande voirie, et nous comptons, au moyen de ce supplément nouveau à nos ressources ordinaires, opérer différents travaux fort importants, et très fréquemment réclamés, de redressement, d'empierrements, et de construction de ponceaux sur les rivières de grandeur moyenne qui, généralement sans danger, n'en sont pas moins depuis longtemps un obstacle sérieux à la sécurité et partant à l'extension des communications autour de l'île et avec le chef-lieu lui-même. — Ne voulant point anticiper sur les explications techniques et de détail que vous fourniront mes collaborateurs, je mentionnerai simplement au nombre des améliorations projetées : sur la route de l'Ouest, l'adoucissement de la côte du 7e kilomètre à Faaa, la réfection de la partie de route comprise entre le commencement du district de Punaauia et les abords rocailleux du Punaruu, le redressement de la courte mais incommode montée de Maraa, l'endiguement de la rivière Parearea et l'exhaussement du port de la chefferie de Papara, enfin la mise à l'état guéable des rivières Mataoa, Ofereri, Opetata et des cours d'eau les plus difficiles de Mataiea et de Papeari avec organisation sommaire de ponceaux ou de radiers sur plusieurs de ces points ; sur la route de l'Est, et dans la presqu'île, naturellement moins favorisées par la force des choses, nous comptons rendre les chemins plus facilement carrossables sur tout leur parcours, en apportant un effort particulier à la réparation de la route si passagère d'Arue à la pointe Vénus, et à la confection de contreforts et d'empierrement sur le long et pénible trajet de la périlleuse montée de Taharaa. Le passage parfois infranchissable de Tapahi et les sentiers à flanc de montagne qui séparent le district de Papenoo de celui de Tiarei seront également l'objet d'une surveillance et de travaux conservatoires incessants.

Sans doute, Messieurs, nous ne pouvons comprendre dans cette énumération les ouvrages d'art les plus importants dont le besoin se fait impérieusement sentir. Je veux parler des ponts de large envergure, et particulièrement de ceux du Taharuu et de la rivière Potiiai, dont la création pourra seule donner à notre colonie un tracé partiel de routes véritablement digne de ce nom. Il nous faudra toujours, sous une forme quelconque, recourir, pour de tels travaux, à des ressources extra-budgétaires. J'y reviendrai dans un instant, et je continue cet examen à vol d'oiseau de notre Plan de campagne, en vous signalant dans un autre ordre d'idées les différentes prévisions qui me paraissent mériter le plus sérieusement votre attention.

« Je n'hésite pas à placer en première ligne les travaux préventifs contre les inondations. Ainsi que vous le constaterez par l'examen des documents déposés sur votre bureau, une somme de 6,000 francs suffit pour le moment aux besoins les plus urgents, mais il y a lieu de se presser avant la mauvaise période de la saison pluvieuse, si l'on veut—à la Fautaua surtout—éviter de considérables dégâts. Le travail projeté consiste pour cette rivière, comme pour le Punaruu, dans un redressement ou dans une dérivation du lit actuellement parcouru.

« En second lieu, Messieurs, je vous demanderai de voter intégralement les crédit prévus pour les dépendances ; ces crédits sont moins élevés que pour 1889 mais il y a lieu de se représenter que des travaux sérieux ont été exécutés cette année dans la plupart des archipels ; cette considération suffit à expliquer la diminution. Le Conseil général remarquera que, dans la subvention allouée aux Marquises, est compris le crédit généreusement voté par lui dès la session budgétaire en vue de la création d'un établissement de refuge pour les malheureux lépreux de l'archipel.

« Les différents services de la ville de Papeete sont prévus pour le même chiffre que par le passé, dans la prévision d'un renouvellement prochain d'adjudications aux conditions antérieurement établies : permettez-moi toutefois d'insister encore, Messieurs, sur l'opportunité qui s'attacherait, aux yeux de l'Administration, à réunir tous ces services en une même entreprise, et à obtenir ainsi sur le prix de base une réduction très appréciable : en soumettant à nouveau cette question aux réflexions de l'assemblée locale, je ne puis m'empêcher de faire ressortir à ses yeux que la réalisation d'un contrat unique, dans des conditions avantageuses pour les finances locales, serait dans un avenir — prochain je l'espère, — pour le budget de la municipalité naissante, une économie toute trouvée.

« Quant à la partie du Plan de campagne qui a trait aux bâtiments coloniaux, et aux travaux de toute nature à exécuter au chef-lieu, elle a été traitée avec le plus grand soin par le service compétent ; aussi n'entreprendrai-je point de vous en présenter, Messieurs, un commentaire quelconque ; tous les renseignements de nature à vous éclairer vous seront fournis au cours de vos débats par l'administration. Les projets les plus importants sur lesquels vous aurez à arrêter votre attention d'une façon plus spéciale sont : la réparation de l'Imprimerie du Gouvernement pour laquelle nous désirons utiliser pendant quelque temps encore le bâtiment actuel, sans recourir à la coûteuse extrémité d'une nouvelle édification de toutes pièces ; en second lieu, une réinstallation sérieuse de nos bâtiments de Fareute dont le bon entretien intéresse tout à la fois deux administrations sœurs ; en troisième lieu et au même titre la construction d'une voûte plafonnée au Palais de Justice, dont vous avez déjà, sur le vœu du corps judiciaire et de nombreux justiciables, signalé la nécessité.

« Enfin, j'aurai garde d'aborder un autre sujet sans avoir recommandé d'une façon toute spéciale au bienveillant accueil du Conseil général, une dernière prévision de 5,000 fr. pour travaux de réparations et d'entretien aux chefferies et en général aux différents bâtiments des districts. Sans doute, je ne me suis pas dissimulé, Messieurs, que ce premier sacrifice est fort modeste, et qu'il ne peut-être considéré que comme un début, mais j'ai pensé que nos compatriotes de Tahiti, et les honorables mandataires qui ont plus spécialement mission de les représenter ici, nous sauraient gré d'avoir, en portant ce crédit à notre projet d'ensemble, posé dès aujourd'hui le principe de la fusion définitive de tous les intérêts locaux dans le budget général de la colonie ; les entreprises qu'il y aura lieu de mettre en action de ce chef pourront, dans l'ordre d'urgence qu'elles présentent actuellement, être tout naturellement confiées aux districts eux-mêmes, et nous étudions le moyen de les appeler prochainement à participer également d'une façon plus directe, et sous leur propre initiative responsable, aux grands travaux de notre vicinalité, afin de consacrer ainsi un progrès nouveau dans la voie d'une assimilation administrative que l'Administration veut s'appliquer à rendre complète, sans distinctions et sans réserves.

* *

« Tel est, Messieurs, le Plan de campagne proprement dit soumis à vos délibérations ; je vous demande la permission de compléter les idées générales qu'il vient de me suggérer par l'indication sommaire des mesures à prendre pour assurer, en regard de ces opérations d'ordre courant et périodique, la mise en œuvre des quelques grands travaux que leur ampleur, au double point de vue des finances et de l'exécution, empêche de figurer dans l'énumération que vous avez sous les yeux : il y a quelques mois, Messieurs, nous avons sollicité un emprunt de la métropole ; nous voulions, dans un élan commun de patriotisme et d'attachement à la colonie, mettre nos Etablissements en situation de bénéficier, d'une manière effective, du percement de l'isthme de Panama ; nous voulions faire de Tahiti l'escale française du Pacifique... Je n'insisterai pas sur les raisons douloureuses, alors inconnues de nous, qui semblent apporter à la réalisation de nos projets, un retard encore indéterminé ! Quoiqu'il en soit, nous ne devons pas perdre de vue que parmi les grands travaux que nous avions projetés de concert, il en est que leur caractère et leur destination même nous interdisent impérieusement d'abandonner ; je veux parler de ces projets d'ordre intérieur qui doivent augmenter le bien-être et la sécurité de la colonie, en même temps que le progrès de son commerce et de ses relations industrielles et agricoles : la conduite d'eau, les ponts sur les cours d'eau qui interceptent nos routes, l'élargissement des principales artères de communication du chef-lieu.

« Nous avons le devoir, Messieurs, en prévision d'une réponse encore douteuse de la part du Département, d'envisager dès maintenant le moyen de nous procurer à une source sûre les fonds nécessaires à leur exécution, si le crédit métropolitain ne peut, dans les conditions offertes par la colonie, les mettre actuellement à notre disposition. Ainsi se trouve remise en discussion, dans certaines de ses parties du moins, la délicate question de l'emprunt qui occupa votre session du mois de mars dernier ; mais tout porte à espérer, Messieurs, que l'accord sera cette fois plus facile, en face de nécessités pressantes, dont tous vous êtes également pénétrés : je remplis donc un devoir, et je vais, à coup sûr, au-devant de vos intentions en vous conviant à vous occuper à nouveau de ces trois questions capitales de la conduite d'eau, des ponts et de la voirie urbaine. J'ajouterai à ce programme un quatrième travail qui intéresse particulièrement l'archipel des Tuamotu ; c'est un projet de creusement d'un chenal et de construction d'un warf permettant aux bâtiments de commerce de franchir la ceinture de récifs qui rend actuellement si difficiles les abords du port d'Anaa.

« Ainsi dégagé des devis de quais, de porteur Decauville et de lazaret, qui suivent naturellement dans sa fortune présente l'entreprise générale dont ils étaient l'accessoire obligé, l'emprunt, absolument et strictement restreint aux exigences de la vie intime de la colonie, prend des proportions bien plus modestes, et la contribution financière qu'il réclame se réduit, d'après les données que vous propose mon administration, à 262,000 francs. Ces 262,000 francs se décomposent, Messieurs, ainsi qu'il suit :

| | | |
|---|---|---|
| « Conduite d'eau...................... | 175.000ᶠ | » |
| « Pont du Taharuu.................. | 42.000 | » |
| « Pont de la rivière Potiiai............ | 10.000 | » |
| « Elargissement partiel de la rue de Rivoli. | 25.000 | » |
| « Amélioration du port d'Anaa.......... | 10.000 | » |
| | 262.000ᶠ | » |

« Je ne vous entretiendrai plus des quatre premiers de ces projets ; ils vous sont depuis longtemps suffisamment connus, Messieurs, pour que vous puissiez, sans longs débats, vous prononcer sur leur opportunité que vous avez déjà officiellement constatée par des votes de principe, et sur le degré d'urgence de chacun d'eux ; je me permets toutefois de vous recommander tout particulièrement le projet de la conduite d'eau, qui, remanié dans un esprit d'économie bien entendue, et demeurant, à peu de détails près, conforme aux désirs de l'assemblée locale, me paraît devoir rallier tous les suffrages.

« Quant au plan nouveau de creusement d'un chenal à Anaa, dont nous devons les données à l'aimable concours de notre Direction d'Artillerie, il vous paraîtra d'autant plus naturel d'en décider la mise en action immédiate que vous aviez déjà, dans un Plan de campagne antérieur, reconnu sa nécessité, en jetant les bases d'un travail à peu près identique.

« Nous n'avons donc plus qu'à nous concerter sur le choix des voies et moyens d'exécution les plus rapides et les plus avantageux pour la colonie dans la situation présente : sur ce point, Messieurs, vous avez, je crois, fixé déjà votre direction ; j'aurai garde de me mettre en travers d'une combinaison qui, tout en mettant à notre service une dépendance de l'administration locale, nous permettra d'agir vite et sans appréhensions pour le réglement, et je suis prêt à faire consacrer la délibération par laquelle vous confieriez à la Caisse agricole, dont l'honorable et solide sécurité n'a plus à être démontrée, le soin de vous avancer des subsides ou de traiter en votre nom pour l'une quelconque des entreprises à intervenir.

« L'annuité d'amortissement, si l'on veut, même avec un établissement de crédit local, contracter dans tous les formes réglementaires des emprunts en général, serait de 23,754 fr. 67 en 15 ans à 4 1/2. Notre budget nous permet donc hardiment ce sacrifice, puisqu'il prévoit 50,000 fr. à la 1ʳᵉ section du chapitre 26 ; et qu'il nous resterait encore sans emploi la somme appréciable de 27,000 fr. que nous pourrions affecter soit à quelque œuvre d'utilité générale, nos relations postales par exemple, soit à la reconstitution en espèces liquides de notre caisse locale, qui est, nous ne saurions l'oublier, la réserve indispensable de notre avenir.

***

« Messieurs les Conseillers généraux,

« Je voudrais terminer ici les considérations d'ensemble que je tenais à vous présenter en ouvrant vos délibérations, mais quelque regret que j'éprouve d'user si longtemps de votre attention, je ne puis me dispenser de dire quelques mots des autres questions principales qui, à côté du Plan de compagne et de ses différents développements, sollicitent, à des titres au moins égaux, le bienveillant et sérieux intérêt de la représentation du pays : J'entends faire allusion tout d'abord aux améliorations à apporter au régime de l'enseignement dans la colonie, et à la réglementation nouvelle de la production et de la manipulation des spiritueux.

***

« Lors de votre dernière session, Messieurs, vous aviez, pour des raison budgétaires, décidé, à compter de l'année 1890, la suppression des bourses accordées jusqu'à présent sur les fonds de la colonie dans nos différents établissements d'instruction publique ; mais, sur les instances de l'Administration locale et de plusieurs d'entre vous, vous avez bien voulu revenir sur votre vote et réserver en l'état la question jusqu'à plus ample information : je viens vous prier, Messieurs, de rapporter complètement votre résolution primitive, et de continuer aux familles qui ont demandé à la générosité de l'assemblée locale l'instruction et l'éducation de leurs enfants les subsides que vous leur avez consentis jusqu'à ce jour. Afin de vous mettre à même de prendre en pleine connaissance de cause une détermination conforme tout à la fois à vos traditions démocratiques et aux principes réglementaires dont le maintien vous est à cœur, j'ai institué, sur l'avis du Conseil de l'instruction publique, une commission d'hommes compétents qui doit proposer à l'autorité locale quelques dispositions nouvelles et différentes modifications à l'arrêté du 24 janvier 1887. Avant de sanctionner leur œuvre par un acte officiel, je tiens, Messieurs, comme en toute chose, à provoquer votre avis sur ce travail, dans lequel est précisément prévu le mode de répartition et d'attribution des bourses locales que vous êtes appelés à dispenser. Je ne saurais douter un seul instant que le Conseil ne nous donne sans hésitation tout son concours, et qu'au moment où l'Administration va, par la création d'une école dans les districts encore oubliés, consacrer le progrès nouveau que permettent aujourd'hui les ressources inscrites au budget, il ne tienne à honneur d'affirmer de son côté, par le rétablissement des bourses, sa vive et profonde sollicitude pour les intérêts intellectuels et moraux de la jeunesse tahitienne.

*<br>* *

« Un sentiment identique a guidé, Messieurs, le Gouvernement local, quand il a fait déposer sur votre bureau le projet relatif à la réglementation des spiritueux. En face des ravages sans cesse croissants et des funestes conséquences de l'ivresse publique ou cachée, c'est un devoir étroit pour nous tous d'obvier dans la mesure du possible, et en limitant le danger dans sa source même, à l'état de choses inquiétant que nous révèlent les compte-rendus de la police et les statistiques de la répression. Je ne saurais revendiquer, Messieurs, l'honneur d'avoir fait le premier pas dans cette voie : l'initiative de cet effort moralisateur revient à Monsieur le Gouverneur Lacascade ; mais je serais sincèrement heureux d'attacher mon nom à la réalisation officielle du projet qu'il m'a recommandé de vous soumettre, et dont les dispositions sont empruntées à une législation récente que notre colonie de la Guyane a depuis deux ans mise en pratique. Il vous sera facile de constater, Messieurs, par l'examen du projet d'arrêté qui vous est soumis, le double avantage de la réglementation nouvelle qui, tout en assurant au Trésor local la rentrée consciencieuse et sous contrôle des droits relativement considérables que doit lui rapporter la fabrication des tafias, permet en même temps, par la fixation d'un minimum de sortie, de mettre un frein aux néfastes abus de la vente en détail ou du débit clandestin de liqueurs fortes : il ne m'en coûte point de le déclarer, Messieurs, quelque souci constant et profond que j'aie de l'alimentation de notre budget, j'attache une importance bien plus grande au côté essentiellement moral et salutaire de la proposition dont je sollicite l'adoption : je sais d'avance que tous, sans distinction, vous partagez cette manière de voir : l'occasion est trop propice en vérité, Messieurs, pour démontrer que si nous avons parfois différé d'opinion sur les moyens de porter remède à une situation déplorable, nous n'en sommes pas moins absolument et toujours d'accord sur la nécessité d'une guerre à outrance et sans merci contre cet ennemi, non pas seulement de la génération naissante, mais de toute la colonie : l'alcool !

« En commençant dès aujourd'hui la campagne qui, tout en respectant et en protégeant même le producteur honorable dans l'exercice de son industrie, n'attaque et ne combat que le trafic illicite et mercantile, nous aurons donné à cette population, qui nous est si chère à tous, une preuve particulièrement précieuse d'appui fraternel et d'affection.

*
*

« Messieurs les Conseillers généraux,

« Il me reste à entretenir le Conseil d'une dernière question, qu'il s'apprête à placer au premier rang de son programme, et dont la solution préoccupe en ce moment nos deux possessions d'Océanie en même temps que le pouvoir central : la création d'une ligne à vapeur.

« Ainsi qu'en témoigne la correspondance que M. le Gouverneur Lacascade , toujours profondément soucieux de tout ce qui intéresse la colonie, m'a fait parvenir au cours de son séjour à Auckland, nous sommes sans doute à la veille, Messieurs, de voir aboutir la combinaison, sous pavillon français, objet des préférences de la population toute entière et de ses représentants. Grâce aux efforts persistants des deux Gouvernements de Nouméa et de Tahiti et de l'Administration locale de la Nouvelle-Calédonie, grâce aussi à la généreuse initiative de vos collègues et du commerce néo-calédonien, nos deux colonies sœurs vont être reliées par des communications rapides, économiques et nationales tout à la fois. C'est pour cette pauvre déshéritée de Tahiti la fin d'un exil prolongé, la

fin d'une soumission presque forcée aux exigences et aux fi
tions d'une production commerciale, loyale assurément,
étrangère ; et j'aurais mauvais gré à vous présenter, pour sollici
en faveur d'une telle œuvre l'appoint des finances locales, une
argumentation qui se résume avec une éloquence naturelle dans le
simple examen de la situation. Je me borne donc à vous remercier
par avance, Messieurs, du vote que vous émettrez à nouveau
demain, et qui, en mettant la colonie en rapports directs avec la
métropole et les autres établissements français du globe, va resserrer
plus étroitement que jamais le lien de solidarité et d'affection qui
vous unit déjà, par delà les mers, à notre grande fédération coloniale.

*⁎*

« Tels sont, Messieurs les Conseillers généraux, les quelques su-
jets d'études sur lesquels je me devais de donner à l'assemblée locale
l'expression de mes idées personnelles et de mes vœux. Votre ordre
du jour comporte encore un certain nombre d'affaires courantes,
dont l'examen est loin d'être dénué d'intérêt; mais je n'en entre-
prendrai point l'analyse, afin de ne pas retarder plus longtemps
le cours de vos travaux. Aussi bien, ai-je pour les développer devant
vous, et vous en proposer les solutions, un collaborateur qui va me
remplacer ici avec toute l'autorité nécessaire; je lui remets sans in-
quiétude la tâche de représenter ici l'Administration, car je sais
qu'il a conquis votre sympathique estime, comme il avait déjà toute
ma confiance.

« Je ne veux pas toutefois, Messieurs, quitter l'enceinte de vos délibérations, sans formuler en terminant un souhait qui me tient
profondément au cœur et dont la réalisation dépend de l'assemblée
locale tout entière:

« Après les dissentions intestines, encore à l'état de pénible souvenir, après les polémiques et les rivalités de tout genre qui, pendant si longtemps, ont entravé la réussite de nos efforts réciproques
et tenu la colonie dans un état de malaise dont elle a le devoir de
se relever sans retour, l'union et l'harmonie se consolident à grands
pas aujourd'hui entre tous les éléments, entre toutes les forces vi-
tales qui concourent à la vie publique, à l'avenir et au progrès de
nos Etablissements !

« Cette concorde, cette bonne entente, qui seules peuvent nous
mener au succès, existaient déjà, Messieurs, entre l'administration

locale et l'honorable représentant de la colonie auprès de la métropole, entre cette administration et les divers services judiciaire, maritimes ou militaires si dignement représentés à mes côtés; elles sont devenues aujourd'hui, il m'est particulièrement doux d'avoir à le proclamer, la base définitive et l'heureuse caractéristique de nos relations avec chacune des fractions du Conseil général lui-même, sans distinction de culte ou de parti.

« Que manque-t-il donc désormais pour assurer et compléter notre œuvre ? Vous allez, Messieurs, au devant de ma pensée : il ne manque plus que la conciliation, tant désirable et trop longtemps retardée, entre les différents groupes qui se partagent l'opinion générale de la représentation élective.

« Messieurs, si, par une collaboration de deux années avec vous, j'ai pu conquérir quelque droit de vous parler à cœur ouvert au nom des intérêts de la colonie, laissez-moi demander à votre patriotisme cette alliance nécessaire, indispensable, que depuis mon arrivée sur les rives tahitiennes je n'ai pas cessé un seul instant d'espérer !

« En vous adressant ce pressant appel, j'ai la conscience d'accomplir l'un des plus grands devoirs de la charge qui m'est momentanément dévolue, celui d'opérer entre vous tous un rapprochement indissoluble, sous l'égide de la République, et pour le bien général du pays !

« Et c'est là le premier vote de confiance que sollicite de vous une administration qui, ignorante des partis, scrupuleusement étrangère aux divergences personnelles ou dogmatiques, ne veut voir en vous et en vous tous, Messieurs, que des hommes de devoir, des citoyens utiles, animés d'un égal dévouement à la colonie, d'un même culte profond de la patrie lointaine !

« Messieurs les Conseillers généraux,

« Nous voici parvenus au terme de l'année mémorable où nous avons célébré l'anniversaire de nos libertés ! Conservons pieusement le souvenir des jours glorieux du Centenaire que nous avons fêtés la main dans la main, et demeurons tous unis, à l'avenir, dans notre sentiment unanime de vénération pour l'œuvre de la grande Révolution, dans notre impérissable et commun attachement à ces nobles maximes humanitaires et fraternelles qui, pour l'honneur de la colonisation nationale dans le Pacifique, symbolisent aujourd'hui, dans ces parages extrêmes de notre France bien-aimée, toute la politique coloniale du Gouvernement républicain !

* *

« Messieurs les Conseillers généraux, votre quatrième session extraordinaire de 1889 est ouverte.

> « *Vive la France !*
> « *Vive la République !*
> « *Vive la Colonie !* »

*(Applaudissements prolongés.)*

PAPEETE (décembre 1889.) — IMPRIMERIE DU GOUVERNEMENT.